जानकी की डायरी

(साझा काव्य संग्रह)

Title   : Janki Ki Diary

Editor   : Priyanka Priyadarshini

Edition   : 1st (February, 2023)

ISBN   : 9789395391177

Copyright © 2023, All Rights Reserved by Author

Published by

PRACHI
DIGITAL PUBLICATION

Regd. Add.: 254, Khuriyakhatta No. 10, Bindukhatta,
Lalkuan, Nainital - 262402, Uttarakhand, India
Website : www.prachidigital.in
E-mail : info@prachidigital.in
Contact : +91-976041-7980, 976041-8103

Printed by :
Manipal Technologies Limited, Manipal - 576104, Karnataka

COPYRIGHT NOTICE

Copyright and all necessary rights of this published book and all the works / compositions included in the book are reserved by the author, so the book or any part of it or the composition is completely or partially electronic or mechanical (including film, serial, photographic, without the written permission of the author Recording, any newspaper-magazine or literary / news website or portal, or blog, PDF format, photocopy Or translation into another language) may not be republished, translated or transmitted in any manner by recording method or information collection and retrieval system or in any way. If a person or institution attempts to do so, they will be legally responsible for the costs and losses.

Disclaimer : This book is published with all possible efforts to make the content error-free after the author's consent. This publication is being sold on this condition and shall not be liable in any way to any person due to any mistake or omission of the author or publisher in the published book. In addition, the publisher declares that the pictures /images / illustration / abstract / clip art used on the cover and inner pages of the book have been made available by the author. Therefore, if the images used violate the copyright of any person or institution, the author will be solely responsible for it, for which the author gives full consent and agree under publishing agreement. That is, the publisher will not have any responsibility for such matters in the present or future.

सभी महिलाओं को समर्पित।

अनुक्रमणिका

दो शब्द

नए कवियों से रूबरू होना हमेशा सुखद अहसास देता है। सीतामढ़ी रचनाकारों की उर्वर भूमि है। आशा प्रभात, नेहा द्विवेदी से लेकर प्रियंका प्रियदर्शनी तक। जानकी की डायरी इसी क्रम का विस्तार है। प्रियंका प्रियदर्शिनी इसकी संपादक है जो जोखिम लेने को हमेशा तैयार है। उन्होंने अपनी पीढ़ी की कवयित्रियों को ढूंढा और इस कविता-संग्रह को मूर्त रूप दिया हैं।

प्रियंका ने पहली कविता में ही, जो उनकी अपनी ही कविता है, में लिखा-

"बहुत सी महिलाएं कवयित्री नहीं कहलायी

क्योंकि उनकी कविताएं छिपी रह गई

बंद अलमारियों के किसी कोने में पड़ी

उन डायरियों में

जिसमें वो सबसे छिपते-छुपाते हुए लिखा करती थी।"

जानकी की डायरी का प्रयोजन उन संभावनाओं की तलाश है जो अलग-अलग डायरियो में छिपी पड़ी थी।इन कविताओं से गुजरना स्त्रियों के नजरिए से अपने समय और समाज को देखना है। बचपन, स्कूल, लिखना, पढ़ना, मोबाइल, दैनंदिनी, मां, मैडम सभी हैं इन कविताओं में। ताजगी की सुगंध से सुवासित है जानकी की डायरी।

शुभकामनाओं सहित।

विनय कुमार
उप विकास आयुक्त
सीतामढ़ी, बिहार

संपादकीय

'जानकी' अर्थात जगत जननी मां सीता जिनके नाम पर सीतामढ़ी जिले का नामाकरण है क्योंकि देवी सीता का जन्म बिहार के सीतामढ़ी जिले के पुणडरिक ऋषि के आश्रम क्षेत्र (आज का पुनौरा) में हुआ था जिसे पुनौराधाम भी कहा जाता है, के नाम से पूरे विश्व में सीतामढ़ी की पहचान है जनकनंदिनी जानकी, समूची स्त्री जाति का प्रतिनिधित्व करती है। हर एक स्त्री में मां जानकी का प्रतिबिंब है और इस पुस्तक से जुड़ी सभी महिलाओं का संबंध जानकी की जन्मस्थली से है चाहे वह जन्मभूमि के रूप में हो या कर्मभूमि के रूप में। इसलिए पूरे अधिकार के साथ हम कह सकते हैं कि 'मैं हूं जानकी' तथा 'डायरी' एक ऐसी जगह जहां आप को अपनी कोई भी बात खुलकर अपने तरीके से लिखने की आजादी होती है। इसी भावना को ध्यान में रखते हुए सीतामढ़ी की जानकियों की कुछ सुलझी और कुछ अनसुलझी लेखनी को एक जगह संग्रहित कर 'जानकी की डायरी' का नाम दिया गया है।

'जानकी की डायरी' जैसा कि नाम से ही स्पष्ट है कि यह महिलाओं द्वारा अभिव्यक्त भावनाओं का संग्रह है। इस काव्य संग्रह में सभी रचनाकारों ने अपनी निजी भावनाओं तथा अनुभवों के आधार पर कविताएं लिखी हैं। इसलिए हमने इस काव्य संग्रह का नाम भी इसी के अनुरूप रखा। हमें पूरी उम्मीद है कि आप सभी अपना प्यार इस पुस्तक को देंगे।

जानकी की डायरी सीतामढ़ी की शिक्षिकाओं द्वारा रचित साझा काव्य संग्रह हैं। इस काव्य संग्रह में महिला रचनाकारों ने अपनी भावना को उकेरा है। इस काव्य संग्रह की सबसे खास बात यह है कि इसमें कुछ शिक्षिकाओं को छोड़ बाकी सभी ने पहली बार लेखन में अपना हाथ आजमाया है। इस काव्य संग्रह के लेखन में अपना योगदान देने वाली सभी महिलाएं सीतामढ़ी जिले के

विभिन्न प्रखंडों के अंतर्गत प्राथमिक एवं मध्य विद्यालयों में शिक्षिका के पद पर कार्यरत हैं।

पिछले दो वर्ष से मन में यह इच्छा थी कि सीतामढ़ी के शिक्षक/शिक्षिकाओं के कलम से किसी पुस्तक का सृजन हो और इस दिशा में प्रयासरत रहने के बावजूद समयाभाव के कारण पूर्व के वर्षों में यह संभव नहीं हो सका। परंतु इस वर्ष पुन: मन में यह इच्छा जागृत हुई कि हमें इस दिशा में कार्य करना चाहिए और इस वर्ष हम सफल रहे। जानकी की डायरी के निर्माण को लेकर मात्र तीन ही लक्ष्य थे। सबसे पहला कि महिलाओं को लेखन के लिए प्रेरित कर उन्हें उनकी क्षमताओं से अवगत करवाना। साथ ही उनकी लेखन कौशल को सार्वजनिक कर उनके आत्मविश्वास में बढ़ोतरी करना। इसलिए हमने अंतरराष्ट्रीय महिला दिवस पर इसे प्रकाशित करने का लक्ष्य रखा।

दूसरा लक्ष्य था कि शिक्षक समुदाय में लेखन के प्रति एक सकारात्मक संदेश का प्रसार हो ताकि शिक्षक समाज में लेखन कार्य के प्रति जागरूकता, रुचि और उत्साह पैदा किया जा सके ताकि विभिन्न शैक्षिक अनुभवों और गतिविधियों को उनके स्वयं के द्वारा लिपिबद्ध किया जा सके तीसरा सबसे महत्वपूर्ण लक्ष्य था कि हमारे जिले सीतामढ़ी का नाम महिला सशक्तिकरण और नवाचारी पहलों के संदर्भ में अन्य जिलों के लिए एक उदाहरण बन सकें।

इस पुस्तक के सृजन कार्य के दौरान शिक्षिका पूनम जी का सराहनीय योगदान रहा। इन्होंने शिक्षिकाओं को जोड़ने के साथ-साथ हौसला-अफजाई का भी काम किया। हमारी सभी शिक्षिका बहनों ने आगे बढ़ कर अपनी उपस्थिति दर्ज करवायी। सीतामढ़ी की शिक्षिकाओं को लेखन के लिए प्रेरित करने वाली इस पहल की जानकारी जब जिले के नवाचारी व कलाप्रेमी उपविकास आयुक्त श्री विनय कुमार जी को हुई तो उन्होंने भी हमारे उत्साह को बढ़ाने और हर संभव सहयोग देने का प्रस्ताव दिया।

हम श्री विनय सर का आभार प्रकट करते हैं कि 'जानकी की डायरी' के सफर में वो हमारे साथ खड़े रहें और इसे संभव बनाने में अपना योगदान दिया। साथ ही इस पुस्तक की कवर पेज को हमारे सीतामढ़ी की संस्कृति के अनुकूल, प्रासंगिक और आकर्षक बनाने के लिए मैं दरभंगा के राजकीय शिक्षक पुरस्कार प्राप्त शिक्षक श्री रवि रौशन कुमार का आभार व्यक्त करती हूं जिन्होंने अपना अमूल्य समय और रचनात्मक सहयोग हमें दिया।

इस पुस्तक को तैयार करने में सबसे बड़ा सहयोग हमारी सभी शिक्षिका बहनों का है जिन्होंने हम पर और सबसे ज्यादा स्वयं पर भरोसा जताया और स्वयं के रंगों को साहित्य के कैनवास पर बिखेर एक सुंदर चित्र तैयार कर दिया 'जानकी की डायरी' के रूप में। मुझे पूर्ण विश्वास है कि

यह पुस्तक आप सभी महिलाओं में एक नया आत्मविश्वास जागृत करेगा और आप अन्य महिलाओं के लिए प्रेरणास्रोत बनेंगी। आप सभी ऐसे ही अपने कलम की जादूगरी दिखाते रहे और परिवार व समाज की पथ-प्रदर्शक बने, मेरी यहीं शुभकामना है।

धन्यवाद

प्रियंका प्रियदर्शिनी
संपादिका

प्रियंका प्रियदर्शिनी

अधिकारिक नाम   – प्रियंका कुमारी

संप्रति/कार्य   – शिक्षिका, मध्य विद्यालय मलहाटोल, परिहार, सीतामढ़ी।

शैक्षणिक योग्यता – एमए (इतिहास), एमए (एडुकेशन), बीएड, डीपीई (डिप्लोमा इन प्राइमरी एजुकेशन)

प्रकाशन   – उलझनें (2022), मैं, तुम और कुल्हड़ वाली चाय (सद्द्य प्रकाशित काव्य संग्रह)

साझा संग्रह   – मैं नारी हूँ, मेरी नजर से, अभिलाषा, भारत@75

शैक्षिक आलेख   – मध्य प्रदेश से प्रकाशित शैक्षणिक पत्रिका "संदर्भ" में (एकलव्य फाउंडेशन), दैनिक एजुकेशनल न्यूज, पटना तथा अन्य पत्र –पत्रिकाओं में प्रकाशित।

लेखन कार्य   – FLN अंतर्गत शिक्षक संदर्शिका, बिहार की लेखक सदस्य, NCF-2021 के लिए EVS विषय के आधारपत्र के लेखन कार्य में सम्मिलित लेखक सदस्य (बिहार में), प्रथम संस्था की ओर से बच्चों के लिए कहानी लेखन कार्य।

समाजिक कार्य   – महिलाओं का डिजिटल सशक्तिकरण, महिला साक्षरता पर कार्य तथा सोशल प्लेटफॉर्म्स की मदद से गरीब बच्चों की शिक्षा में सहायता करना आदि।

संपादक   – ई–शिक्षा सीतामढ़ी (ई मैग्जीन)

सम्मान   – पं मदन मोहन मालवीय राष्ट्रीय शिक्षक एवं शिक्षा मिशन पुरस्कार–2020, जिला शिक्षक सम्मान–2021, स्टेट बैंक ऑफ इंडिया सीतामढ़ी शिक्षक सम्मान –2021

मेरी पहचान

बहुत सी महिलाएं
कवयित्री नहीं कहलायी
क्योंकि उनकी कविताएं छिपी रह गई
बंद अलमारियों के किसी कोने में पड़ी
उन डायरियों में
जिसमें वो सबसे छिपते-छुपाते हुए लिखा करती थी!

बहुत सी महिलाएं
मैनेजिंग डायरेक्टर नहीं कहलायी
क्योंकि सारे परिवार, रिश्ते –नाते को
संभाल और सहेज कर रखना
मैनेजमेंट की कैटिगरी में शामिल नहीं था!

बहुत सी महिलाएं
डाक्टर नहीं कहलायी
क्योंकि पति और बच्चों के बीमार होते ही
रातों की नींद छोड़,
तरह –तरह के घरेलू नुस्खे और प्रार्थनाएं करना
चिकित्सा पद्धतियों में शामिल नहीं था!

बहुत सी महिलाएं
वकील नहीं कहलायी
क्योंकि छोटी सी छोटी बात पर भी
अपने परिवार के लिए सबसे लड़ जाना
कानून की किताबों में शामिल नहीं था!

बहुत सी महिलाएं
बैंकर नहीं कहलायी
क्योंकि महीने भर की बजट
पति के पॉकेट के हिसाब से बनाना
और खुद की इच्छाओं का दमन करना
अर्थशास्त्र की किताबों में शामिल नहीं था!

बहुत सी महिलाएं
शिक्षिकाएं नहीं कहलायी
क्योंकि उन्होंने बच्चों को
चलना,बोलना और जीवन जीना सिखाया
जो कि किताबों में नहीं लिखी थी।

बहुत सी महिलाएं
मोटिवेशनल स्पीकर नहीं कहलायी
क्योंकि पति और बच्चों के जीवन के
हर क्षेत्र में आए उतार –चढाव में
सबका हौसला कायम रखना
उनकी स्वभाविकता में शामिल थी।

बहुत सी महिलाएं
अलार्म घड़ी नहीं कहलायी
क्योंकि अपनी नींद खराब कर
सबको उनके जरूरत के समय जगाना
उसके प्यार में शामिल था।

बहुत सी महिलाएं
मल्टीटास्किंग नहीं कहलायी
क्योंकि वो करती है सिर्फ
घर और बाहर के वो सभी कार्य
जो एक मकान को घर बनाएं रखने के लिए
आवश्यक था!

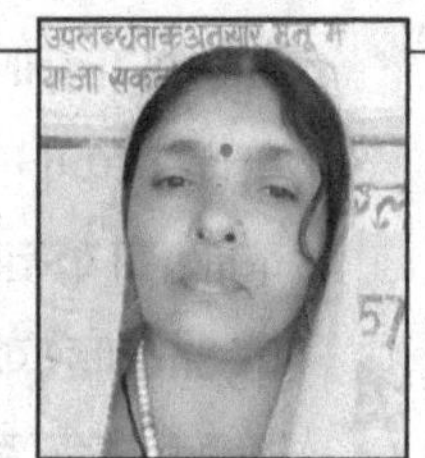

वीणा कुमारी झा

माता का नाम	–	श्रीमती साग़र देवी
पिता का नाम	–	श्री शिवलोचन झा
जन्म तिथि	–	10–04–1977
जन्म स्थान	–	कंसारा, सुरसंड, सीतामढ़ी।
शिक्षा	–	स्नातकोत्तर हिंदी
कार्य	–	शिक्षिका, म . वि . कन्या श्रीखंडी भिट्ठा, सुरसंड।
रुचियाँ	–	पठन– पाठन, संगीत सुनना और गाना।
संपर्क सूत्र	–	veenaku1977@gmail.com
पता	–	ग्राम +पोस्ट– श्रीखंडी भिट्ठा थाना सुरसंड, सीतामढ़ी, बिहार

मैं नारी हूँ

मैं नारी हूँ, मैं नारी हूँ,
आधे की अधिकारी हूँ।

मत रोक मुझे, मत टोंक मुझे,
मुझको तू आगे बढ़ने दे।
आजादी के इस अमृत महोत्सव पर मुझे अमृत पान तो करने दे।

मैं नारी हूँ, मैं नारी हूँ,
मुझे बढ़ने दे, मुझे बढ़ने दे।

मैं दुर्गा हूँ, मैं काली हूँ,
मैं धन की देवी लक्ष्मी हूँ,
और मैं ही सरस्वती का रूप,
जो देती सबको ज्ञान है।

 मैं ही सीता हूँ,
जिसने छोड़ दिया सुख वैभव सारा पतिव्रत धर्म निभाने को,
वन के दुख में संग–संग, सहभागी बनी क्षण–क्षण।
रखा पत्नी धर्म का मान
पर धिक्कार है उन पुरुषों पर
जो लेते रहे अग्नि परीक्षा बार–बार।

शकुंतला भी मैं ही हूँ,
जिसे भूल बैठा था दुष्यंत,
प्राप्त कर प्रेम को अपने
जिसने पाला भरत जैसे लाल को

मैं ही हूँ सती अनुसुइया,
जिसके सतीत्व की परीक्षा त्रिदेव ने लेना चाहा था,
पर अपने सतीत्व के प्रभाव से, उनको ही बालक बना दिया।

सावित्री भी मैं ही हूँ,
जिसने यमराज के साथ जाना स्वीकार किया,
पति को जीवनदान दिला कर सृष्टि के नियम को भी बदल दिया।

ध्रुव की माता सुनीति भी मैं ही हूँ,
जिसने ध्रुव को दिव्य ज्ञान दिया,
और प्रेरित होकर अपनी माता से
वह आसमान में अपना स्थान लिया।

मैं ही लक्ष्मीबाई भी हूँ,
याद करो रानी लक्ष्मीबाई को
जिसने अंग्रेजो को था धूल चटा दिया,
लादकर पीठ पर अपने बच्चे को अंग्रेजों से संघर्ष किया।

इंदिरा गांधी भी मैं ही हूँ
जिसने राजनीति में अपना स्थान लिया,
लोहा मनवाया पूरी दुनिया में और आयरन लेडी का नाम लिया।

गार्गी भी मैं ही हूँ
जिसने महाराजा जनक की सभा में शास्त्रार्थ किया।

सावित्रीबाई फुले बनकर मैंने ही,
प्रथम शिक्षिका होने का गौरव प्राप्त किया।

मैं ही हूँ मदर टेरेसा
जो सेवा भाव की मिसाल बनी,
कुष्ठ रोगियों की सेवा करने को नन बनने का संकल्प लिया।

मैं ही मैं हूँ अरुणिमा सिन्हा
जिसे चलती गाड़ी से फेंक दिया,
विकलांगता के दंश झेल कर भी एवरेस्ट चोटी को फतह किया।

किरण बेदी भी मैं ही हूँ
जिसने अपने किरण के तेज़ से
देश को सुरक्षा का कवच दिया।

उषा, मैरी, साइना बनकर मैंने ही
इतिहास को ही बदल दिया।

मै ही पदमा हूँ
जिस से प्रेरित होकर अशोक ने शस्त्र का त्याग किया,
संघमित्रा के संग जा कर के बौद्ध धर्म का प्रचार किया।

मैं ही कल्पना हूँ
जो अंतरिक्ष में जाकर अपने सपनों को साकार किया,
अफसोस यही न वापस लौटी
पर तरक्की की मिसाल को कायम किया।

निर्भया भी मै ही हूँ
जो निर्भय होकर इस दुनिया में जीना चाही थी,
पर दानव रूपी दरिंदों ने मेरे अस्तित्व को ही मिटा दिया।

मैं ही हूँ वह श्रद्धा
जो मां बाप को छोड़कर आई थी,
पर मेरी श्रद्धा के बदले तुमने 35 टुकड़ों में बांट दिया।

नारी का जब सम्मान होगा तभी यह जग रक्षित होगा,
हर नारी की अस्मत रक्षित हो तभी यह धरा सुरक्षित होगा।

मान है आदर्श है विश्वास है नारी,
फिर भी सम्मान की मोहताज है नारी,
देव से लेकर मानव तक की जन्म दात्री है नारी।

फिर भी इस समाज में उपेक्षित है नारी,
अब तो जाग जाओ, स्वीकारों तुम अस्तित्व हमारा।

नारी हूँ मैं, नारी हूँ मैं।

व्यक्तिगत परिचय

राखी ठाकुर

शिक्षा	– स्नातकोत्तर(हिंदी), D.El.Ed डाइट रामबाग, मुजफ्फरपुर नृत्य प्रभाकर(प्रयाग संगीत समिति, इलाहाबाद)
कार्य	– सहायक शिक्षिका मध्य विद्यालय सोनबरसा टोल, पुपरी।
रुचि	– पठन–पाठन, साहित्य, संगीत एवं दिव्यांग व्यक्तियों विशेषकर बच्चों के लिए कार्य करना।
पुरस्कार	– निर्वाचन कार्य एवं शिक्षा में नवाचार के लिए अनुमंडल पदाधिकारी, पुपरी के द्वारा प्रशस्ति–पत्र

श्रृंगार

आओ करें श्रृंगार सखी री खुद का करे श्रृंगार।
अलौकिक सौंदर्य प्रसाधन से ले रूप संवार।
आओ करे श्रृंगार सखी री खुद का करे श्रृंगार।

आंखों में हया का अंजन,
उबटन मर्यादा का चंदन,
मीठे बोल की सुर्खी लव पर,
आत्मविश्वास की रौनक से लें अपना रूप निखार।
आओ करे श्रृंगार सखी री खुद का करे श्रृंगार।

शिक्षा और संस्कार के भूषण से अभुषित करें अपना तन,
करुणा, दया, प्रेम के जल से
सिंचित करें हम अपना मन।
कंगन नहीं कलम पकड़कर खुद का करे विस्तार सखी री।
आओ करे श्रृंगार सखी री खुद का करे श्रृंगार।

कर्म—पथ पर बढ़े चले,
बाधाएं आए और टले,
मंजिल हो कदमों के तले,
महाबर नहीं छालों के लहू से लें अपना पांव सवार।
आओ करे श्रृंगार सखी री खुद का करे श्रृंगार।

यादों के बादल

देखो नभ पर उमर–घूमर कर आ रहा भादो का बदल
और हमारे हृदय पटल पर छा रहा यादों का बदल।
भादो के बदल के श्याम रंग से है अच्छादित नील गगन
यादों के बदल ले कर आए भूले– बिसरे कितने रंग।

भादो के बदल देख–देख हर्षित है सारा जन–जीवन
यादों के बदल से तरफ रहा क्यों जल बिन मीन सा पागल मन?
जलद –पटल बीच लुक–छिप जाती
चपल दामिनी करके नर्तन
यादों की बिजली कौंध–कौंध क्यों बढ़ा रही दिल को धड़कन।

रिम –झीम गिरती जल की बूंदे
प्यास धारा की हरती है
यादों की बदरी जब छाती
जल–बूंद नयन से झरती है।

है जलद वही, जल–धार वही
फिर अलग–अलग क्यों इनका व्यवहार
एक जगत की तृषा बुझाता
एक बढ़ता मन की प्यास।

कली

एक कली मनचली किसी डाल से लगी

झूमती–इठलाती बाग– बाग गली गली।

ऐ कली तूं मतवाली नव –यौवन मदमाती

खिलती है डाली डाली कुछ गाती गुनगुनाती।

आई फिर नयी बाहर रूप का लिए श्रृंगार

मुस्काती–मंडराती द्वार पर बसंत–बयार

कहता है पगला पवन खिल–खिल ओ सुमन

खिलने से महक उठे हर गली हर चमन।

सतरंगी सपने लिए लिए तितली से पंख उधार

उड़ने को हुई अनंत नभ में फैलाने से सुरभि अपार।

पर अभी खिली नहीं पंख ले उड़े नहीं अभी दूर चमन से उठी कुछ आवाज नयी।

जिसने तोड़ दिए सपने कतर डालें उसके पंख।

तभी तेज चली हवा

उड़ा ले गई उसे अपने संग।

कल की चंचल– शोख कली।

आज मुरझाने लगी अनुपम सौंदर्य उपवन की आज राहों में पड़ी।

उसने भी छोड़ दिया है संग

कल तक जो था इसका अंग।

ऐ, चमन तू ही बता क्या यही है हर कली का अंत?

क्या यही है हर कली का अंत?

मेरा बिहार

मेरा जन्म भूमि बिहार, मेरा कर्म भूमि बिहार
ऋषियों की इस पुण्य भूमि को नमन है बारम्बार

मेरा जन्म भूमि बिहार, मेरा कर्म भूमि बिहार।

जहां विद्यापति की कविताएं गूंज रही झंकार।
देखो कैसे चमक रही थी वीर कुंवर सिंह की तलवार।
जहां पुण्यमयी निर्मल गंगा की बहती अविरल धारा।
सीता की इस जन्म भूमि को नमन है बारम्बार।

मेरा जन्म भूमि बिहार, मेरा कर्म भूमि बिहार।

पान—माखन से सुशोभित मिथिला का संस्कार।
देखो, अपने मगध का कैसा स्वर्णिम है इतिहास।
वैशाली के लोकतंत्र की हो रही जय—जयकार।
यज्ञब्ल्क की तप : भूमि को नमन है बारम्बार।

मेरा जन्म भूमि बिहार, मेरा कर्म भूमि बिहार।

बोधिसत्व की सत्य—अहिंसा व्याप्त जहां के जन—जान में
आम्रपाली के त्याग की गाथा गूंज रही है कण —कण में।
नालंदा के ज्ञान दीप से आलोकित संसार
बापू की इस कर्म भूमि को नमन है बारम्बार।

मेरा जन्म भूमि बिहार, मेरा कर्म भूमि बिहार।
ऋषियों की इस पुण्य भूमि को नमन है बारम्बार।

व्यक्तिगत परिचय

शमा परवीन

शिक्षा	– एम ए (इतिहास), B.Ed, DCA(Patna), BLIS(Patna), MLIS(Patna)
कार्य	– सहायक शिक्षिका(स्नातक ग्रेड), म0 वि0 प्रखण्ड कालोनी रुन्नीसैदपुर, सीतामढ़ी
लेखन विधा	– कविता, स्लोगन संस्मरण, शायरी (हिंदी एवं उर्दू)
प्राप्त पुरस्कार	– स्कूल व कालेज के समय प्रखण्ड एवं अनुमंडल स्तर पर क्विज़, भाषण, निबंध आदि प्रतियोगिताओं में कई प्रथम पुरस्कार, ट्राफी और प्रमाण पत्र। स्टेट बैंक ऑफ इंडिया की तरफ़ से आयोजित क्विज़ व निबंध प्रतियोगिता में प्रथम पुरस्कार। बिहार सरकार के तत्कालीन मंत्री श्री राम लखन महतो के हाथों पुरस्कार प्राप्त।
इच्छित कार्य	– सामाजिक एवं आर्थिक रूप से पिछड़े बच्चों को नियमित रूप से विद्यालय से जोड़कर विद्यालय में उपलब्ध संसाधनों के माध्यम से उनकी प्रतिभा को उभारना तथा मुख्य धारा से उन्हें जोड़ने का प्रयास।
पता	– आर .के नगर, फुलवारी शरीफ, पटना
ईमेल	– shama563880@gmail.com
मोबाइल नंबर	– 8789310147

स्त्रियां बहुत बोलती हैं

लोग कहते हैं ..
स्त्रियां बहुत बोलती हैं
सच ही तो है
स्त्रियां बहुत बोलती हैं।
भोर से उठकर निशा तक
रसोई से शैय्या तक
कामों को बुनती हैं
घर सँवारती हैं,
और बोलती हैं।
सचमुच!
स्त्रियां बहुत बोलती हैं।

कामकाजी हो या हो घरेलू
घर से ले कार्यालय तक
चूल्हे से ले खलिहानों तक
सिर पर बोझ उठाती हैं
और बोलती हैं।
सचमुच!
स्त्रियां बहुत बोलती हैं।

अपने नन्हे बच्चों को
बोलना सिखाती हैं,
दादा, चाचा, पापा, मामा
कोख में रखने से
गोद में पालने तक
घुटने के बल चलने से

दो पाव पर चलने तक,
फिर स्कूल को जाने तक
पोषण करती हैं,
उन्हें व्यवहारिक बनाने को
उन्हें सामाजिक बनाने को
पाठ पढ़ाती हैं ।
और बोलती हैं ।
सचमुच !
स्त्रियां बहुत बोलती हैं ।

बेटियों को हर सांचे में
ढलना सिखाती हैं
और बोलती हैं ।
बेटों को नैतिकता सिखाती हैं
और बोलती हैं ।
सचमुच !
स्त्रियाॅ बहुत बोलती हैं ।

पति का खयाल है रखती
बड़ों की सेवा करती हैं
समय पर खाना और दवा
सबकी हिदायत करतीं हैं
और बोलती हैं ।
सचमुच !
स्त्रियाॅ बहुत बोलती हैं ।

दो पाव पर चलने तक,
अध्यात्म में, ईश के संग भी
स्त्रियाॅ बहुत बोलती हैं ।

बोलती हैं और मांगती हैं
पति की लंबी उम्र,
बच्चों के उज्ज्वल भविष्य,
परिवार की खुशहाली।
ईश्वर से मांगती हैं
और बोलती हैं।
सचमुच!
स्त्रियाँ बहुत बोलती हैं।

जीवन के अंतिम पड़ाव पर भी
मृत्यु-शैय्या पर भी,
स्त्रियाँ बोलती ही तो हैं।
तब मुख से नहीं
अपितु आत्मा से,
तब बोलती ही तो हैं।
हे नर समाज!
जीवन भर तो भेद किया
अब मृत्युशैया पर भी?
हे नर समाज!
सधवा-विधवा की पहचान बताए
मृत्युशैया पर?
क्यों नहीं सपत्नीक-विधुर की भी
हो पहचान मृत्युशैया पर!
क्यों न ढूंढ पाए बांझ शब्द का
पुल्लिंग रूप भी इस धरती पर?

हे नर समाज!
तू बधिर न बन

हे नर समाज!
सुन नारी आवाज़।
क्योंकि...
स्त्रियाँ बहुत बोलती हैं।

हे नर समाज!
सुन नारी आवाज़।
क्योंकि...
स्त्रियाँ बहुत बोलती हैं।

मेरी सखी मेरी कविता में

बसंत 'ऋतु' आएगी
'पुष्प' खिल जायेंगे
बसंत की 'संध्या' में
'शमा' जल जायेगी।

इस शमा की 'श्वेता' में
हमलोग पढ़ लिख जायेंगे
पढ़ लिखकर हमसब
'अपराजिता' बन जायेंगे।

अपराजिता बनकर जो
'नूतन' इतिहास बनाएंगे
अन्य लोगों में हम
'चेतना' उत्पन्न करेंगे।

ज्ञान की 'निधि' की खोज में हम
आगे बढ़ते जाएंगे
नक्षत्र विशेष 'स्वाति' बनकर तब
'सविता' से 'आभा' लेकर के
ज्ञान 'ज्योति' बिखेरते जायेंगे।

फिर 'मधु' से मीठे रस में
घोल 'रागिनी' गाएंगे
तब विद्यालय की 'सुषमा' में
चार चाँद हम लगाएंगे
चार चाँद हम लगाएंगे।।

संगीता कुमारी

शिक्षा	– मैट्रिक, इंटर '(झारखंड) एम . ए (इतिहास) बिहार प्रशिक्षित
कार्य	– सहायक शिक्षिका, मध्य विद्यालय रामपुर पचासी, पुपरी, सीतामढ़ी।
जन्म स्थान	– झारखंड (11.1.1989)
लेखन विद्या	– कहानी, कविता, संस्मरण
कार्य	– शिक्षिका, मध्य विद्यालय रामपुर पचासी, पुपरी, सीतामढ़ी
सम्मान / पुरस्कार	– अखिल भारतीय कवि सभा, मौलिक लेखन प्रतियोगिता पुरस्कार– 2001, हजारीबाग (झारखंड)
रूचि	– सत्य की पाठ पढ़ाना, दिव्यांग एवं गरीबों की सहायता करना
पता	– ग्राम –खेसर, थाना –जाले–दरभंगा (बिहार)
Email	– Sangeeta Kumari 36800 @gmail.com

शिक्षा का दीप

शिक्षा का दीप जलाएंगे,
घर-घर फूल खिलाएंगे,
चल रे सखिया चल रे बहना,
जिनका नहीं है कोई अपना,
उनकी आंखों में दे दें एक सपना,
शिक्षा का दीप जलाएंगे ।

पढ़ाई की शहनाई बजाएंगे,
कीचड़ में कमल खिलाएंगे,
अनजाने है जो ज्ञान से,
उन्हें जोड़ेंगे विज्ञान से,
शिक्षा का दीप जलाएंगे ।

प्रतिभा है, गुण है, जिज्ञासा है,
पर गरीबी के झिझक में फंसा है,
हम उनके घर घर जाकर,
आत्मविश्वास की लहर दौड़ाएंगे,
शिक्षा का दीप जलाएंगे ।

जनगणना के दौरान गई,
उनकी आंखों से पहचान गई,
उनकी आंखों में भी थी ललक,
मैडम जैसी मेरी भी हो झलक,
शिक्षा का दीप जलाएंगे ।

हम उन्हे समझाएंगे तुम भी हो एक कनक,

जो भविष्य में बन सकते हो किसी वस्तु के जनक,
बेटियां भी कुछ कर दिखलाएंगी,
माताओं को विश्वास दिलाएंगे,
शिक्षा का दीप जलाएंगे ।

बेटियां तुम हो जगत जननी,
परेशानियों से तुम्हें युद्ध है लड़नी,
कलम की ताकत बताएंगे,
हसुआ खुरपी छूड़वाऐंगें,
शिक्षा का दीप जलाएंगे ।

बापू का नारा लगाएंगे,
सत्य अहिंसा की पाठ पढ़ाएंगे,
दलितों की नींद उड़ाएंगे,
बच्चों को बाबासाहेब बनाएंगे,
शिक्षा का दीप जलाएंगे ।

बकरी भैंस की सैर छूड़ाऐंगे,
कल्पना चावला की याद दिलाएंगे,
किताबों की पन्ना ऐसे उल्टाऐंगें,
पीटी उषा के जैसे दौड़ाएंगे,
शिक्षा का दीप जलाएंगे ।

प्रेम के पाठ पढ़ाएंगे,
सरोजिनी नायडू की कथा सुनाऐंगें,
चल रे सखिया चल रे बहना,
शिक्षा का दीप जलाएंगे,
घर-घर फूल खिलाएंगे,

सीतामढ़ी की जनमी है हम बेटियां,
सीतामढ़ी के कर्मी हैं हम बेटियां,
सीतामढ़ी को सूरज सा चमकाऐंगें,
अशिक्षा रूपी भूत को,
घर–घर से दूर भगाएंगे,
शिक्षा का दीप जलाएंगे।

छोटी सी जिन्दगी

जल्दी जल्दी जिले रे भैया,
अब कुछ ही दिन रह गए रे भैया।
पैर के तलवा घीस गए रे भैया,
शौक पे मैल जम गए रे भैया।
जल्दी–जल्दी .....

अब कुछ ही दिन रह गए रे भैया,
नैन के आंसू बह गए रे भैया।
पत्थर दिल अब हो गये रे भैया,
बचपन के दिन बीते रे भैया।
चल जीद छोड़ गले मिल ले रे भैया
जल्दी–जल्दी .....

अपने साथी को सब सुख दे दे रे भैया,
अपने साथी से सब सुख ले ले रे भैया।
छूटे ना कोई अरमान रे भैया,
धन अरजीत के दिन गए रे भैया।
जल्दी–जल्दी ......

निराशा का दम तोड़ दे भैया,
हर पल जिंदगी जी ले रे भैया।
सबरंग खाना खा ले रे भैया,
रंग रंग के गाना गा ले रे भैया।
जल्दी–जल्दी ......

जिस जवानी को घीस गए रे भैया,

उस जवानी को को जी ले रे भैया।
बागवान सा जिंदगी लगे ना भैया,
ठाठ की जिंदगी जी ले रे भैया।
जल्दी-जल्दी ……

कल्पना की उड़ान उरले रे भैया,
समुंद्र की गोते लगा ले रे भैया।
संगिनी है तेरी रंगोली रे भैया,
उसमें हीरे मोती जड़ले रे भैया।
जल्दी-जल्दी…..

दया क्षमा तू कर ले रे भैया,
बच्चों के संग हंसले रे भैया।
जीवन कभी फिका पड़े ना भैया,
बच्चों के रंग में रंग जा रे भैया।
जल्दी-जल्दी……..

बूढ़ा बूढ़ी झूमले भैया,
मंदिर मस्जिद घूम ले भैया।
धर्म-कर्म तू कर ले रे भैया,
तभी लगेगी पार में नैया।
जल्दी-जल्दी जी ले रे भैया,
अब कुछ ही दिन रह गए भैया।

व्यक्तिगत परिचय

पूनम कुमारी

जन्म	– 30 दिसंबर 1971, निर्मली।
माता का नाम	– जानकी चौधरी
पिता का नाम	– हीरालाल चौधरी
शिक्षा	– स्नातकोत्तर –ग्रामीण विकास, हिंदी
प्रशिक्षण	– विशेष शिक्षा (मानसिक मंदता) डिप्लोमा, सर्टिफिकेट कोर्स, बीएड
कार्य	– शिक्षक, मध्य विद्यालय रामपुर, बथनाहा, सीतामढ़ी।
लेखन विद्या	– गद्य, पद्य, संस्मरण।
सामाजिक कार्य	– ग्रामीण क्षेत्र की महिलाओं में साक्षरता, लड़कियों को व्यवसायिक प्रशिक्षण, डिजिटल प्लेटफॉर्म के माध्यम से देश भर की महिलाओं के लिए योग कक्षा का संचालन, समाचार पत्रों के द्वारा दिव्यांगता संबंधित जागरूकता।
ईमेल	– poonamkumari1971@gmail.com

हिम्मत

खुद से ही खुद की हिम्मत बढ़ाती हूँ।
सीखना हो काम नया
या नई मंजिल की बात हो,
नए लोगों से मिलना हो या
काम कितना भी हो मुश्किल भरा।
खुद से ही खुद की हिम्मत बढ़ाती हूँ।
जब सामने मुश्किल आता है,
मन आधा–आधा हो जाता है।
वह डराने की कोशिश करता है,
गहरी सांसे भरती हूँ,
खुद से ही खुद की हिम्मत बढ़ाती हूँ।
जीवन में आए मोड़ बड़ा
या विपदा हो बहुत बड़ा,
साथी साथ छोड़े भला
हिम्मत को टूटने नहीं देती हूँ,
खुद से ही खुद की हिम्मत बढ़ाती हूँ।
डर दरवाजे पर खड़ी हो,
रास्ते मुश्किलें भड़ी हो
मंजिल धुंधली दिख रही हो
तब भी कदम पीछे नहीं हटाती हूँ,
खुद से ही खुद की हिम्मत बढ़ाती हूँ।

चना ही चना

जब से पता चला है
चना खाना है मना
तब से हर तरफ दिखता है चना ही चना।
खेत में चना बाजार में चना
लिट्टी में चना
छोले में चना
घुघनी में चना
नाश्ते में चना खाने में चना
गरम – गरम लिट्टी के साथ चना
कढी में चना बड़ी में चना
बूंदी में चना लड्डू में चना
भिगो कर चना भूज कर चना
पीस कर चना घोल कर चना
हर तरफ चना ही चना।
मीठे में चना नमकीन में चना
टिफिन में चना थाली में चना
घर में चना होटल में चना।
जब से पता चला है
चना खाना है मना
तब से हर तरफ दिखता है चना ही चना।

आत्मसम्मान

मैं कौन हूँ?
सबकी हो अपनी पहचान
सबको मिले मान-सम्मान।
आत्मसम्मान से भरा हो सबका जीवन।
काला हो या गोरा हो, लंबा हो या छोटा हो,
कोई भी धर्म या कोई जाति हो,
ग्रामीण हो या शहरी हो,
लड़का हो या लड़की हो।
लड़की उड़ा रही है लड़ाकू विमान
लड़के पका रहे हैं पकवान।
कोई खेल रही कबड्डी
तो कोई बन गई पहलवान।
कोई है वैज्ञानिक तो
कोई बन गया लेखक महान।
सब है आखिर इंसान
सबकी हो अपनी पहचान।
क्या फर्क पड़ता है?
जिसमें जो अच्छा है, कर सकता है।
स्वस्थ समाज का करना है निर्माण
तो नहीं करें किसी का अपमान।
झूठे दिखावे में ना फसो तुम
प्रलोभन से दूर रहो तुम।
सबों को आत्मनिर्भर बनाना है
मन से भ्रम को दूर भगाना है।
पुरानी रूढ़िवादी विचारों को
समाज में फैली बुराइयों को।

खुद पर करो तुम विश्वास
सफलता आएगी तुम्हारे पास।
अपने को पहचानो तुम
अपनी प्रतिभा को निखारो तुम।
मैं कौन हूँ?
सबकी हो अपनी पहचान
सबको मिले मान सम्मान।

लिखकर दे नहीं सकती

मेरी नजरों को तुम पढ़ लो
मैं लिखकर दे नहीं सकती।

कहने को बहुत कुछ है
मगर, मैं लिख कर दे नहीं सकती।

भावों के उठते हैं बवंडर
कथाओं में है समंदर।

भावों को तुम समझ लो
मगर, मैं लिखकर दे नहीं सकती।

बोलकर सब सुनते हैं
तुम बिन बोले समझ लेना।

जो मेरे मन में है
जुबां तक ला नहीं सकती।

मेरी नजरों को तुम पढ़ लो
मैं लिख कर दे नहीं सकती।

व्यक्तिगत परिचय

अफ़शां अम्बरीन

माता का नाम	– सबीहा अज़ीज़ी
पिता का नाम	– एम . अबरार अज़ीज़ी
जन्मतिथि	– 3 फ़रवरी 1987
जन्म स्थान	– सराय अफज़ल, वैशाली (बिहार)।
शिक्षा	– बीए प्रतिष्ठा, प्रशिक्षण –बीएड
संप्रति /कार्य	– सहायक शिक्षक, मध्य विद्यालय रुपौली रुपहरा बथनाहा सीतामढ़ी।
लेखन विधा	– गध, पध, संस्मरण
रुचियां	– गाने सुनना, पढ़ना– लिखना और बागवानी करना।
संपर्क सूत्र	– ambreenafshan33@gmail.com
पता	– न्यू कॉलोनी रज़ानगर तलखापुर डुमरा सीतामढ़ी (बिहार)

याद आता है

वो सावन का हंसी मंज़र सुहाना याद आता है।
वो बचपन का हंसी ज़माना याद आता है।।

वो होली में सभी को रंग लगाना याद आता है।
दिवाली में घरौंदा इक बनाना याद आता है।।

वो सावन का हंसी मंज़र सुहाना याद आता है।
वो अपना कागज़ की कश्ती बनाना याद आता है

बहुत सुंदर था वो बचपन का गांव याद आता है।
वो बरगद और वह पीपल की छांव याद आता है।।

कोई शिकवा न कोई दिल में थी रंजिश।
किसी के दिल में न थी नफ़रत की साजिश।।

कहां अब शहर में कोई वैसी ख़ुशी है।
बहुत मुश्किल में अब ये ज़िन्दगी है।।

वो बहारों का हंसी मौसम सुहाना याद आता है।
वो अफ़शां को हर इक गुज़रा ज़माना याद आता है।।

प्यार का दीपक

प्यार का दीपक जला कर देखिए।
ज़ुल्मतों को अब मिटा कर देखिए।

हर तरह के फूल खिलते हैं यहां।
प्यार का गुलशन सजा कर देखिए।

जिंदगी अपनी महक उठेगी अब।
फूल अब दिल में खिला कर देखिए।

अपना भारत देश है कितना हंसीन।
अमन का गुलशन सजा कर देखिए।

एक है ईश्वर और अल्लाह जान लो।
बात यह सब को बता कर देखिए।।

खूबसूरत ज़िंदगी है अफ़शां ये।।
प्यार से फिर मुस्कुरा कर देखिए।।

बेटियां

बेटियां ही मेरे घर की शान हैं।
ज़िन्दगानी की यही पहचान है।

बेटियां के दम से घर में है ख़ुशी।
फूल सा महका रही है ज़िंदगी।।

बेटियां ही तो पीटी ऊषा और शिवांगी हैं।
बेटियां ही तो प्रतिभा और इंदिरा गांधी हैं।।

बेटियां ही तो हमारी जिंदगानी हैं।
बेटियां ही तो सुचेता कृपलानी हैं।

बेटियां ही तो हर घर की अज़मत हैं।
बेटियां ही तो हर घर की रहमत हैं।।

बेटियां ही तो मेरी जिंदगानी है।
बेटियां ही तो झूलन गोस्वामी है।

बेटियां तो ही साइना नेहवाल है।
बेटियां ही तो बछेंद्री पाल है।।

बेटियां ही तो कल्पना चावला है।
बेटियां ही तो रजिया सुल्तान है।

बेटियां ही तो मेरी कॉम, पीवी सिंधु हैं।
बेटियां ही तो कमलजीत संधू हैं।।

बेटियां ही तो मिताली राज हैं।।
इन बेटियों पर हमें बहुत नाज़ है।

इन बेटियों पर हमें बहुत नाज़ है।
इन बेटियों पर हमें बहुत नाज़ है।।

व्यक्तिगत परिचय

सोनाली समदर्शी

माता का नाम	–	श्रीमती सावित्री देवी
पिता का नाम	–	श्री सुखदेव झा
जन्म तिथि	–	5/3/1981
जन्म स्थान	–	मुंबई
शिक्षा	–	डबल एम ए (शिक्षाशास्त्र), बी एड, सीटीईटी टीइटी, डीसीए,
संप्रति /कार्य	–	प्रखंड साधन सेवी, प्रखंड संसाधन केन्द्र रुन्नीसैदपुर
प्राप्त सम्मान	–	निर्मल अनुपम फाउंडेशन मुज्जफ्फपुर द्वारा प्रशस्ति पत्र एवं शील्ड
रुचियां	–	लिखना, गाना गाना, गाना सुनना, पेन्टिंग
संपर्कसूत्र	–	9934285782
पता	–	ग्राम+पोस्ट, मोरसंड थाना, रुन्नीसैदपुर, जिला, सीतामढी, पिनकोड–843328

मानवता की पुकार

है शंखनाद करता फिर क्यों
मानवता चित्कार करें जिस कर से
इस घर में पहन आया था हार
उस पर क्यों वार करें
एक ही आंगन में जन्म लिया
मां वसुधा के गर्भ से
दिवस व्यक्ति की पुष्प धूल पर
हम दोनों ने हर्षित गर्वित मन से
उस हृदय को टुकड़े करते वक्त क्यों
तेरा सर ना झुका शर्म से
परिवर्तित हृदय हुआ क्यों आज
स्व स्वजन पर से
विकल परान हो उठा था
जिनके सजल नेत्रों को देख
तजप्राण कर मुक्त आत्मा को
निकृष्ट कर्म को जो प्रेरित हो
तज व्याघ्र सम बुद्धि निस्तेज
विवेक पर जो प्रहार करें
है शंखनाद करता फिर क्यों
मानवता चित्कार करें
हे जाग मनुज आ समय गया
फिर तेरे जग जाने की
कर्तव्य बुलाए फिर तुमको
नहीं समय उलझाने की
त्याग अभिमान है क्षणभंगुर क्यों
स्वर्णिम वक्त को खोता है

जब जाए दिन बीत पछताने की
फिर पछताए क्या होता है
मानवता की पुकार यही सुन
हम सब उपकार करें
है शंखनाद करता फिर क्यों
मानवता चित्रकार करें

संध्या मिलन

वह सूर्य है मैं रात्रि हूँ

वह प्रवास गृह मैं हूँ स्नेह लता

हे राम प्रभा से देदीप्यमान मेरे प्रिय

हेअपलन राह निहारती तेरे लिए

बैठी हूँ आस में मेरी निशा का कब अंत हो

हो अपना मिलन पतझड़ पड़े निशा के बाग में बसंत हो

वसूल है मैं रात्रि हूँ

हर शाम यह मेरा तपिश हृदय

व्याकुल हो उठता है

क्षितिज से अंबर मिलते हैं जैसे

क्षणिक मिलन है अपना भी

रेत में वर्षा की बूंदे वही मिलन है अपना भी

हर शाम यह आशापूर्ण हुयी पुन : यह आशा जागृत है

पूर्ण मिलन की लिप्सा फिर ले

यह मन मेरा शोकाकुल हो जाता है

व सूर्य है मैं रात्रि हूँ

एक रात्रि ठहर इस लतालट में

एक पहर विश्राम कर है जगजाहिर हूँ पूर्ण मगर

मैं अपूर्णता को लिए हुए

है प्रार्थना तुमसे यही हूँ, कौमा

अर्धविराम प्यासे जीवन को

अब तो पूर्णविराम कर

वह सूर्य है मैं रात्रि हूँ

स्वार्थी हिर्दय यह जानता है

धिक्कारेगा जनमानस और श्रेणी देगी नक्कारा

है स्वार्थ परे उसी सीमा से

अस्वीकृति दी देवों ने जिसको
दानव दल ने स्वीकारा
उस घृणित जीवन को मैंने भी स्वीकारा
एक पहर का मधुर सुधा रस
सहस्त्र घृणित विषपान से बेहतर है
वह स्वर्णिम बेला प्रफुटित कमल
चक्षु अहलाद समबेतर है।

व्यक्तिगत परिचय

अनंता प्रिया

माता का नाम	–	कल्पना झा
पिता का नाम	–	मिथिलेश कुमार झा
जन्मतिथि	–	21 मई 1994
जन्मस्थान	–	ग्राम :सामर (जिला :–सीतामढ़ी)
शिक्षा	–	M.A. (अर्थशास्त्र)
संप्रति/कार्य	–	प्रखंड–शिक्षिका मध्य विद्यालय भवनगामा रीगा
प्राप्त सम्मान	–	विद्यालय, जिला तथा राज्य स्तर पर लेखनी, कविता तथा वाद–विवाद प्रतियोगिता में कई पुरस्कार ! दैनिक भास्कर के स्लोगन प्रतियोगिता में भी बिहार में प्रथम पुरस्कार
लेखन विधा	–	कविता, कहानी स्लोगन, संस्मरण
रुचियां	–	लेखन, पठन –पाठन, तर्किक वाद– विवाद, महिलाओँ / बालिकाओ की साक्षरता एव सशक्तिकरण तथा बच्चो, युवाओँ, महिलाओँ/ बालिकाओँ के कल्याण से जुड़ें सामाजिक कार्य व सामाजिक बुराइयों के खिलाफ लेखनी के मध्यम से जन –जागृति आदि ।
E-mail	-	anantapriyajha0339@gmail.com

सीतामढ़ी की बेटियाँ

जोर से पुकार दो, गगन तक तुम दहाड़ दो
बता दो दुनिया को अब, है अपनी लेखनी गजब
सीतामढ़ी की बेटियां कलम लेकर है बढ़ चली
सुधारने समाज को है नव नारी रथ चली!!

अटुट सा विश्वास है, अनंत सा प्रयास है
है लगन मौज मस्तियां, जो चल परी हैं कश्तियां,
हम स्नेह रस का पान कर, सभी को अपना मान कर
मिटाएंगे कुरूतियां, दिलो-जहां में ठान कर।

ये अपना जो आधार है, तनिक भी जो सुधार है
खिलाएगी धरा की गोद में, हा कोई सार्थक कली
सीतामढ़ी की बेटियां कलम लेकर है बढ़ चली
सुधारने समाज को, है नव नारी रथ चली!

है गाज क्या आगाज क्या, प्रलोभनो का ताज क्या.
अगर सोच ले तो रुका कभी है, नारी शक्ति की
काज क्या हम दिशा दिखाएंगे, नव सवेरा लाएंगे
इस धरा से उस क्षितिज तक, पंख को फेलायेंगे
हम हजारों चांद सूरज, धरती पर ले आएंगे
और सितारों को दुपट्टे से बांध लहरेंगे !

बन जाएंगे हम हौसला, हर एक टूटती हिम्मत का
और तरक्की मानवता की लाएंगें हर गली गली!
सीतामढ़ी की बेटियां कलम लेकर है बढ़ चली
सुधारने समाज को है नव नारी रथ चली !

किया बहुत, दिया बहुत, विषपान अब पिया बहुत

हर दर्द को यूं मौन से हमने यहां सिया बहुत

हालात कब तक यूं रहे, काहे कोई इतना सहे

पिछड़े को आगे लाने को,

सच से परदा उठाने को,

शिक्षा का दीप जलाने को,

थोपी परंपरा मिटाने को

हमने आज से है प्रण लिया, भटके को राह दिखाने को।

तोड़ के हर बेड़िया दहलीज से बाहर आएंगे

अब नहीं चढ़ेगी निर्भया की, कोई निर्दई बली यहां

सीतामढ़ी की बेटियां कलम लेकर हैं बढ़ चली

सुधारने समाज को है नव नारी रथ चली!!!

वतन की दशा

प्रथाएं कुप्रथाओं में ठिठुर कर हार जाती है,
वहम की बांसुरी निशदिन जगे को भी सुलाती है !
धरा के पहरेदार जब, विलन की भूमिका में हो.....
बताओ उस वतन की फिर, दिशाएं किस दशा में हो?

पुरानी सोच वो ही क्यों, प्रथाएं वो ही क्यों लागू?
पुरुषवादी प्रकोपों पे, किसी का क्यों नहीं काबू?
चलन जो प्रचलन में है, ये डर क्यों इस वतन में है?
काहे का आधी आबादी.... गुलामी की जतन में है!

हर षडयंत्रों की जाल को, हिम्मत तोड़ने की है....
मगर सहमा हुआ सा मन, अभी तक भावना में है !
धरा के पहरेदार जब, विलन की भूमिका में हो
बताओ उस वतन की फिर दिशाएं किस दशा में हो?

यह बंद दरवाजे, है संस्कारों के दर्पण क्यों?
झुकाये पलके.... मुक चांदनी का है आकर्षण क्यों?
जीवन की परिभाषा है, भिन्न दो मानवों की क्यों?
अभिलाषा के चयन पर भी, पाबन्दी का आलम क्यों?

ऐसी अग्नि की परीक्षा सीता देती ही आती है,
प्रेम में सब न्योछावर कर भी मीरा कुछ न पाती है!
पर निष्ठुरता का आलम देखो, जशन- ए- नशा में है!
धारा के पहरेदार जब विलन की भूमिका में हो,
बताओ उस वतन की फिर दिशाएं किस दशा में हो?

यहां शर्म की चुनरी से, सर को ढक दी जाती है,
फिर पीटी उषा भी चलने में लड़खड़ाती है !
जबरन ही अबला बना देता है जमाना और
अपनी ही चमक से रौशनी जी चुराती है !
कुंठित धरातल पर, यह किस गण के लिए तंत्र है?

जहां अर्धांगिनिया, नर के हाथो ही परतंत्र है!
लिख दूं कितना भी पर …दर्द रह जाएगा बाकी,
 हाय! जननी ही जन्म लेकर, न जाने किस व्यथा में है !

धरा के पहरेदार जब, विलन की भूमिका में हो,
बताओ के उस वतन की फिर…. दिशाएं किस दिशा में हो!

वीणा कुमारी

माता का नाम	–	श्रीमती नंद कला मिश्रा
पिता का नाम	–	श्री शोभा कांत मिश्रा
जन्म स्थान	–	बोकारो स्टील सिटी झारखंड
शिक्षा	–	एम ए (समाजशास्त्र) प्रशिक्षित, डीपीई
संप्रति /कार्य	–	सहायक शिक्षिका मध्य विद्यालय कोआही रुन्नीसैदपुर सीतामढ़ी, बच्चों और महिलाओं को जागरूक कर शिक्षा की मुख्यधारा से जोड़ना।
लेखन विधा	–	कविता, कहानी, गीत, स्लोगन।
रुचियां	–	गाना गाना, गाना सुनना, चित्रकला, समाज सेवा आदि।
सम्पर्क सूत्र	–	veenakumari2272@gmail.com
स्थाई पता	–	ग्राम– रुपौली, पोस्ट –पितौझिया जगन्नाथ, थाना– रुन्नीसैदपुर, सीतामढ़ी
वर्तमान पता	–	अखराघाट मुजफ्फरपुर, बिहार

मन

मन मेरा कुछ कहता है
पर कहते-कहते रुकता है।

कहता चलो आसमां को छुए
पर बंधन में रहता है
मन मेरा कुछ कहता है।

कभी कहता बंधन तोड़ो
छोड़ो जहां को तुम पीछे छोड़ो।

पर अपनों की खातिर कभी
मन ही मन सहमता है
मन मेरा कुछ कहता है।

सोचती हूँ मन की सुनु
मन भी तो सच कहता है
पर जाने कदम कुछ बढ़कर भी
बढ़ने से क्यों डरता है।

मन मेरा कुछ कहता है
मन कहता चल पंख खोल उड़ान भर
जी ले तू खुलकर जी भर
पर अचानक ही होता है उदास मन
तड़पता और सिसकता है
मन मेरा कुछ कहता है
मन मेरा कुछ कहता है।

हर इंसान अनोखा है

हर इंसान अनोखा है
रूप रंग सुंदरता मोटा पतला
यह तो हमने ही परोसा है।

हर इंसान अनोखा है
हमें खुद से दूर करती
छोटी सोच की दीवार ही होती
पर हमने खुद को क्यों रोका है।

हर इंसान अनोखा है
एक धरती एक अंबर है
ईश्वर की सब रचना है
क्यों बोले हम तुम अच्छे हो
क्यों बोले हम तुम कच्चे हो
यह तो नजरों का एक धोखा है।

हर इंसान अनोखा है
संरचना जब एक हमारी
लहू का रंग भी एक है
आओ मिलकर साथ रहे हम
हमने अंधकार में खुद को क्यों धकेला है।

हर इंसान अनोखा है
मन की इच्छाओं को जगाओ
मन की आशाओं को जगाओ
जगाओ उन भावनाओं को

जिसने तुम्हें झकझोरा है ।

हर इंसान अनोखा है ।

सहेली

जीवन की इस राह में
ऐसी मिली एक सहेली
जहां मैं चली
वह भी साथ हो ली
ऐसी मिली एक सहेली।

कभी हंसाती कभी रुलाती
कभी अपनी बातों से हैरान करती
समझ नहीं आता कभी
सहेली है या पहेली
ऐसी मिली एक सहेली।

उदास होने पर प्यार करती
गलत होने पर चार बातें सुनाती
है मुझको वह अकेली
ऐसी मिली एक सहेली।

अब तो यह आलम है अपना
पहले वह आती थी
अब मैं उसके साथ साथ हो ली
ऐसी मिली एक सहेली ऐसी मिली एक सहेली।

व्यक्तिगत परिचय

पूजा कुमारी

शिक्षा	– बी०एस०सी० (गणित) डी०एल०एड
संप्रति/कार्य	– सहायक शिक्षिका मध्य विद्यालय समोधी टोला रीगा सीतामढ़ी
सामाजिक कार्य	– बच्चों को जागरूक करके शिक्षा की मुख्यधारा से जोड़ना।
लेखन विधा	– कविता, कहानी, निबंध
पता	– पुनौरा सीतामढ़ी बिहार
ईमेल	– poojamishra22042016@gmail.com
दूरभाष	– 6207377762

एक लड़की

मैंने जब भी देखा है,
पल–पल मरते देखा है।
सुबह से शाम तक,
पलकों से मोती झड़ते देखा है।
डरी, सहमी सी
कुछ गुमसुम सी,
ना जाने किन ख्यालों में,
थी उलझी सी।
ना जाने क्या था गम,
ना जाने कैसी थी उदासी,
ना जाने क्यों?
मिली थी उसे सजा।
ना जाने किस चिंता से
थी वह जकरी।
शायद, क्योंकि वह थी;
एक लड़की!

वो और ये

एक वो थे, जो चल बसे।
वतन की आन के लिए।।
अपने मान के लिए।
तिरंगे की शान के लिए।।
वो, जिन्हें अपने वतन से प्यार था।
जिनकी खून का हर कतरा, देश पर कुर्बान था।।
जिन्हें मातृभूमि की जंजीरे, कांटो सी चुभती थी।
वतन की आजादी की चिंता आठों पहर रहती थी।।
जिनका तन मन धन देश पर कुर्बान था।
जिन्हें पैसे से नहीं देश से प्यार था।
जिनकी हर सांस ए वतन को समर्पित थी।
जिनकी सुख चैन देश को अर्पित थी।
एक ये है, जो मतलबी और गद्दार है।
जिन्हें देश से क्या? खुद से भी नहीं प्यार है।
हिंसा, बेईमानी और आतंक जिनका काम है।
मजहब नहीं, पैसा जिनका इमान है।।
एक वो थे, जिन पर सब को नाज है।
झुक जाए जिसके आगे मस्तक,
उनमें वह बात है।
एक ये है, जिनके जीवन को धिक्कार है।
इनके लाश को अपने भी
पहचानने से करते इंकार है।।
कर ऐसा काम कि जग में तेरा नाम हो।
सबके लबों पर चर्चा सुबह शाम हो।।
याद आए जब तेरी स्नेह के आंसू बहे।
प्रेम के दिए सबों के दिल में जलते रहे।।

सच्ची सरस्वती पूजा

पढ़ना –लिखना जिनका काम नहीं,
स्कूल –कॉलेज जिनका धाम नहीं।
बाइक से जो घूमेंगे शहर में रोजाना,
बजाएंगे डीजे में,
बादशाह और यो यो का गाना।
वही कहेंगे पहले,
हमें सरस्वती पूजा है मनाना।
चाहे रहे या ना रहे अपनी औकात,
पर झूठी शानो शौकत के लिए
छीन लेते हैं गरीबों का आहार।
और कहते हैं,
हमें है सरस्वती माता से प्यार।
सरस्वती विद्या की देवी है,
है ज्ञान की खान
वह कभी नहीं कहती,
मेरी पूजा के लिए,
करो दूसरों का अपमान।
चाहे मूर्ति लाओ ना लाओ,
चाहे ना बांटो प्रसाद।
अपने कर्म में कर्मरत रहो,
सदा करो सब का सम्मान।
गर, फिर भी समय मिल जाए तो,
क्षण भर के लिए ही कहीं,
श्रद्धा से कर लेना मेरा ध्यान;
यहीं होगा मेरा वास्तविक सम्मान।।

व्यक्तिगत परिचय

गुंजन कुमारी

शिक्षा	– B.A, B.ED, M.A
संप्रति कार्य	– सहायक अध्यापिका, मध्य विद्यालय सांखी, रीगा, सीतामढ़ी
लेखन विधा	– कविता, कहानी, निबंध
पता	– नया टोला रीगा रोड, जानकी स्थान, वार्ड नं–8 सीतामढ़ी
लेखन विधा	– कविता, कहानी, निबंध
ई–मेल	– gunjankumari24011994@gmail.com

पहचान

क्यों निराश हो, अभी चलो तुम
क्यों उदास हो, अभी जगो तुम
लड़खड़ाए हो, पर न डरो तुम
आहिस्ता –आहिस्ता
शुरुआत अब करो तुम।

झेला है तुम ने, अब न झेलो तुम
सवालों के चक्रव्यूह को तोड़ो तुम
एक चिंगारी चाहिए, खुद हीं बनो तुम
हो तुम एक आग, महसूस करो तुम।

व्यर्थ अब न सोंचो तुम
सजग हो, और सबल बनो तुम
समय नहीं है, जल्दी करो तुम
पा लो अपनी मंजिल, अपने को पहचानो तुम।

ऐ वक्त यहीं थम जा

ऐ वक्त यहीं थम जा
जरा रुक जा।
बीता मेरा बचपन यहां
गोद में जिसके भुलाया मैंने सारा जहां
स्वर्ग से भी सुंदर हमारा है ये आशियां
ऐ वक्त यहीं थम जा
जरा रुक जा

पूछ रही हर गलियां
क्यों नम सी है अखियां
याद आई है सारी सखियां
याद आई है उनकी बतियां
जरा रुक जा

यहीं किया है सारी मनमानियां
छोटी-मोटी सारी गुस्ताखियां
क्षम्य है जहां मेरी सारी कमियां
ऐ वक्त यहीं थम जा
जरा रुक जा

यहीं बीती मस्ती भरी तरियां
भाई-बहनों संग यहीं किया न अठखेलियां
जहां पढ़ा है मां ने हर खामोशियां
ऐ वक्त यहीं थम जा
जरा रुक जा

यहीं बही है प्रेम की नदियां
अरे जान लुटाया सबों ने
दी है बस खुशियां हीं खुशियां
ऐ वक्त यहीं थम जा
जरा रूक जा

मोबाईल

21वीं सदी का यह mobile
रखता है यह सबकी file
What's app, Facebook या insta हो
सबके अपने अपने profile
संदेश पहुंचाए in a while
दूरियां घटी जैसे zero mile
गणित के कठिन प्रश्न हो
या ज्ञात करना हो बस percentile
प्रतिदिन दिखाए यह new style
ज़िन्दगी हुई अब और volatile
संभल कर करना इसको trial
वरना होगे unfertile
भले कैद करे fake smile
पर अद्भुत है यह अपना missile

व्यक्तिगत परिचय

सुरुचि कुमारी

जन्म	– 16–8 1990
शिक्षा	– स्नातक (मनोविज्ञान), D.El.Ed डायट रामबाग मुजफ्फरपुर
कार्य	– प्रखंड शिक्षिका (स्नातक ग्रेड) मध्य विद्यालय बेदौल पुपरी,
लेखन विधा	– कविता, स्लोगन, संस्मरण
रुचि	– शिक्षा के लिए जागरूक करना आर्थिक रूप से कमजोर विशेषकर बालिकाओं को मानसिक एवं आर्थिक रूप से सहयोग करना
पता	– अथरी, रुनीसैदपुर, सीतामढ़ी
ई-मेल	– suruchi.ambr1990@gmail.com

पापा की परी

खूपा की परी हूँ मैं,
नन्हीं सी कली हूँ मैं।

बाबुल की बगिया में मैं,
फूलों –सी पली हूँ।

मैं छोटी सी बच्ची हूँ
लेकिन दिल की सच्ची हूँ।

ऑफिस पापा जब जाते हैं,
बड़े दिनों बाद आते हैं।

मीठी–मीठी बातें करके,
मुझको वो बहलाते हैं।

दो दिन में आ जाऊंगा कह,
हफ्तों तक नहीं आते हैं।

मुझे बहुत सताते हैं,
मुझे बहुत रुलाते हैं।

लेकिन पापा जब आते हैं,
किट कैट, डेयरी मिल्क, काजू –बर्फी लाते हैं।

फिर गोद में बैठा मुझे वह,
खूब हंसाते हैं।

पापा की परी हूँ मैं,
नन्हीं सी कली हूँ मैं।

दीपावली की मैं,
उनकी फुलझड़ी हूँ।

मैं छोटी सी बच्ची हूँ
लेकिन दिल की सच्ची हूँ।

सेल्फ स्टीम की ट्रेनिंग

Self-esteem की ट्रेनिंग ने हम सब को बतला दिया,
LLDB का मंचन करवाके हम सब को समझा दिया।

खुद का सम्मान करो, स्वयं पर विश्वास करो,
 अपनी प्रतिभा की सूक्ष्मता से पहचान करो।

 कोई भी जो है आया, इस वसुंधरा को पाया,
सब में कुछ ऐसे गुण भरे, जो है दूसरों से परे,
 जो है दूसरों से परे।

सबके साथ समान व्यवहार करो,
एलएलडीबी का दरकार करो।

आधा फुल के नए कारनामे ने कर दिया कमाल,
बदलीपुर के चीते ने तो मचा दिया धमाल।

बदलीपुर के चीते ने तो मचा दिया धमाल, …
था खतरे में बदलीपुर जिसको बचाया आधाफुल।

 गायब हाथी सबका साथी,
लुक्स को छोरो काम को जोड़ो .
मंचन के द्वारा समझा दिया,
LLDB का मूल मंत्र हम सब ने अपना लिया।

सेल्फ स्टीम की ट्रेनिंग

 सेल्फ एस्टीम की ट्रेनिंग ने हम सब को बतला दिया,
LLDB का मंचन करवाके हम सब को समझा दिया।

बोलती चट्टान का जब दिया जवाब तारा,
तब चट्टान दानव का चला न कोई चारा।

सीमा ने जब ढूंढा छुपा खजाना,
खुशी में उठे झूमे सारा जमाना।

खजाने का नक्शा पा लिया,
दृढ़ संकल्प हो सबने, स्टीरियोटाइप भगा दिया,
लड़का लड़की दोनों बराबर (LLDB) सिद्ध कर पापा को दिखला दिया।

सेल्फ एस्टीम की ट्रेनिंग में हम सबको बतला दिया,
LLDB का मंचन करवाके हम सब को समझा दिया।

'दूसरों की जय से पहले खुद की जय करें '
गीत का गायन हम सबको लुभा लिया,
आत्मसम्मान का अलख हम सब में जगा दिया,
अपनी क्षमताओं के लिए सम्मान का भाव ला दिया।

 Self-esteem की ट्रेनिंग ने हम सब को बतला दिया,
LLDB का मंचन करवा कर हम सब को समझा दिया!

नोट : LLDB का अर्थ – लड़का–लड़की दोनों बराबर।

व्यक्तिगत परिचय

मधु कुमारी

शिक्षा	– स्नातकोत्तर
प्रशिक्षण	– D. EL.ED. DIET डुमरा सीतामढ़ी।
कार्य	– सहायक शिक्षक, मध्य विद्यालय योगवाना बाजार।
रुचि	– साहित्य का पठन पाठन।

मां

इक छोटा सा शब्द है मां,
कितनी परम पुनीत है मां ।
इतनी ममता इतना लाड़,
कहां से लाती इतना प्यार ।
कितनी भावुकता है गहरी,
आंखों में है चमक सुनहरी ।
मुझ पर देती स्नेह उड़ेल,
अंबर छूने को देती ठेल ।
सागर जैसा फैला आंचल
नील गगन सा अंतर्मन है ।
प्रेम के कैसे खेले खेल,
नही है कोई इसका मेल ।
मां बन के तुम जीवन देती
अध्यापक बन मुझे सिखाती ।
डॉक्टर बन कर दवा खिलाती,
रूठ जाऊं तो मुझे मनाती ।
मैं जो सोंचू तुम पढ़ लेती
मैं जो चाहूं तुम रख देती ।
बिना शर्त और बिना स्वार्थ के,
तेरा मेरा मेल सुमेल ।।
मां जब तुम ऊपर जाओगी
अंतर्मन को दहलोगी ।
आशा, खुशियां, दवा, दुआएं,
सब कुछ मुझसे छीन जायेगी ।
मां तुम कब वापस आओगी ।

प्यारी बिटिया

बिटिया भी कभी मां जैसी लगती है।

हां, बिटिया भी कभी मां जैसी लगती है।

जब हम होते उदास,

हमें हंसाने की भरसक कोशिश करती है।

आंखों में आंखें डाल,

बिन कहे सब कुछ पढ़ लेती है।

माता पिता का ख्याल बिलकुल,

मां की तरह रखती है।

हां, बिटिया भी कभी मां जैसी लगती है।

बिटिया ....

उसके होने के अहसास से,

मन का हर कोना बाग बाग होता है।

उसके चहकने से मेरा आंगन गुलजार होता है।

अपने मां बाप के अरमान को कितना तहज़ीब देती है।

हां, बिटिया भी कभी मां जैसी लगती है।

प्रसाद की श्रद्धा भले न बनो तुम,

पर शहजाद की श्रद्धा भी कभी ना बनना।

बचाए रखना अपने दामन को रावण से,

शूर्पणखा बनने की कोशिश भी न करना।

जब कुछ न आए समझ,

अपनी मां से साझा करना,

मां तो जिगरी दोस्त होती है।

हां, बिटिया भी कभी मां जैसी लगती है।

बिटिया भी कभी मां जैसी लगती है।

व्यक्तिगत परिचय

शशि कुमारी

माता का नाम	–	श्रीमती शैल देवी
पिता का नाम	–	स्व. राजमंगल सिंह
शिक्षा	–	बीएससी रसायनशास्त्र 'प्रतिष्ठा', एमए राजनीतिशास्त्र, एमए शिक्षा, B.T.
संप्रति/कार्य	–	सहायक शिक्षिका, मध्य विद्यालय रेवासी (रीगा) सीतामढ़ी
लेखन विधा	–	कहानी, कविता एकाकी, जीवनी, नाटक आदि।
समाजिक कार्य	–	गरीब व असहायों की यथासंभव सहायता, गरीब बच्चों व निरक्षर महिलाओं को साक्षर बनाना।
पता	–	रेवासी, रीगा, सीतामढ़ी, 843327
ईमेल	–	kumarishashi1906@gmail.com

प्रण

आर्यावर्त की वीर वाला हम,
सदा सभी को सुखी बनाकर
द्वेष हृदय से भगाएंगे,
सेवा व्रत अपनाएंगे ।

शत्रु हीन जग को करके हम
सबका भला मनाएंगे ।

प्यारा सेवा धर्म हमारा
न्यारा है सब धर्मों से,
तन –मन –धन इस पर न्योछावर,
जीवन भेंट चढ़ाएंगे ।

आर्यावर्त की वीर वाला
सर्वत्र सुख फैलायेंगे ।
संग्राम करें हम संकट से,
डरे नहीं कभी किसी से हम
पूर्ण करें प्रण आजीवन
दुख में भी सुख पाएंगे ।

आर्यावर्त की वीर वाला हम,
पतझड़ को गुलजार बनाएंगे ।

आज्ञाकारी हम गुरुजन के
तत्पर रहकर प्रण पालन में,
दीन जनों के बन हितकारी

उनका कष्ट मिटायेंगे।
ऐक्य-कृत सूत्र अपना कर हम
उत्कृष्ट समाज बनाएंगे।

नूतन वर्ष 2023

सखियां। नव वर्ष है आया,
मुक्ति गीत चिड़ियों ने गाया,
नए-नए अरमान लिए हम
शाप और वरदान लिए हम,
धरती पर अब नव वर्ष छाया
सखियां। नव वर्ष है आया,
मुक्ति गीत चिड़ियो ने गाया,
अब धारा नए विचारों की,
बिहार को करती आलोकित,
भेद मिटाएं भांति –भांति का,
चमका फिर सौभाग्य सितारा,
सखियां। नव वर्ष है आया
जन जन में उल्लास समाया।

संजीता कुमारी

मां का नाम	– श्रीमती शीला देवी
पिता का नाम	– श्री सत्येन्द्र कुमार
जन्म	– 28 जनवरी 1981, भूतही(सीतामढ़ी)
शिक्षा	– M.A, D.L.ed, एडवांस डिप्लोमा इन कंप्यूटर एप्लीकेशन, BILIS
संप्रति/कार्य	– सहायक शिक्षिका, मध्य विद्यालय सोनबरसा, सीतामढ़ी
लेखन विद्या	– कहानी, कविता, संस्मरण, स्लोगन, गीत, लोकगीत आदि।
सामाजिक कार्य	– महिलाओं और बच्चों को जागरूक करके शिक्षा के मुख्य धारा से जोड़ना
पता	– वार्ड नंबर 28 स्वामी विवेकानन्द नगर डुमरा रोड सीतामढ़ी, पिन कोड–843302, बिहार
ईमेल	– sanjitastm@gmail.com

मेरी पहचान

मैंने खुद को बाहर ढूंढा,
पर खुद को खुद में ही पाया।
हंसना— रोना दोनों अंदर,
प्रेम व नफरत दोनों पाया।
हिम्मत —बेबसी दोनों अंदर,
धोखा और चाहत दोनों पाया।
ज्ञान – अज्ञानता दोनों अंदर,
अंधेरा और उजाला दोनों पाया।
डर और साहस दोनों अंदर,
पढ़— लिखकर के शिक्षित होकर
डर को खुद से दूर भगाया।
मैंने खुद को बाहर ढूंढा,
पर खुद को खुद में ही पाया।।

शिक्षा –मेरी पहचान

शिक्षा से पहचान हमारी,
शिक्षा है अब जान हमारी।
सब अवगुणों को हराने वाली,
अंधेरा दूर भगाने वाली,
मन में उजियारा लाने वाली,
शिक्षा है अब जान हमारी,
शिक्षा से पहचान हमारी।

हम सबका अभिमान है शिक्षा,
देता सबको सम्मान है शिक्षा,
कुरीतियों से लड़ता है शिक्षा,
भविष्य उज्ज्वल करता है शिक्षा,
राष्ट्र का तो शौर्य है शिक्षा,
जीवन का सिरमौर है शिक्षा।।

मां–तुम हो न मेरे साथ

बिल्कुल अंजान हूँ सबसे,
ये सब कुछ नया नया सा है।
दुनिया देखने की जल्दी तो है,
पर बेचैनियों से दिल भरा भी है।
अभी आंखें बंद है मेरी,
अच्छे बुरे लोगों से अंजान है।
पर मुझे डर नहीं है किसी का,
मेरे पास मेरी मां है।

तुमने अपने हिस्से की सांसे तक मुझे दी,
मेरे खातिर न जाने कितनी तकलीफे अकेले सहती रही।
लोगों ने तानों से तुम्हें तार तार किए है,
तुम्हारे अपनों ने भी मुझे तुमसे दूर करने की
कोशिशें हजार किए है।
तुम सब से लड़ोगी मेरे लिए,
मुझे तुम पर पूरा भरोसा है।
मुझे अभी भी डर नहीं है किसी का,
क्योंकि मेरे पास मेरी मां हैं।

तुम अकेली नहीं हो, मैं हू तुम्हारे पास,
तुम डरना मत लड़ते रहना,
हारना मत बस लड़ते रहना।
दुनिया की मत सुनना,
सुनना तो बस अपने अंदर की आवाज।
मुझे अपने हिस्से की जिंदगी जीनी है,
मां, मत छोड़ना मेरा साथ।।

व्यक्तिगत परिचय

वंदना कुमारी

माता का नाम	–	स्वर्गीय शांति देवी
पिता का नाम	–	स्वर्गीय श्री राजकुमार शाह
जन्म तिथि	–	3/2/1984
कार्य	–	शिक्षण कार्य
शिक्षा	–	स्नातकोत्तर (हिंदी), स्नातकोत्तर शिक्षा, डी . पी . एड, बी . एड
रुचि	–	पठन –पठान, सामाजिक कार्य करना
संपर्क सूत्र	–	vandanakumariraja@gmail.com
पता	–	तुरकौलिया बथनाहा, सीतामढ़ी

इंतजार

देर रात जब वो आते,
राह ताकती थक मैं जाती,
जब भी कोई आहट होती,
दौड़ कर दरवाजा खोलती।
देर रात जब वो आते।

निराश हो जाता मन,
जब दरवाजा पर वो नहीं होते,
हार थक कर नींद जब आती,
जम्हाई करती सो मैं जाती,
देर रात जब वो आते।

कुछ क्षण कुछ पल में,
खट खट फिर आवाज है आती,
आंखे बंद किए दरवाजा खोलती,
मन ही मन मैं गुस्सा होती।
देर रात जब वो आते।

भागी भागी रसोई में जाकर,
बंद कुकर में चावल पकाती,
धीरे धीरे वो भी आते,
साथ मिलकर खाना खाते
देर रात जब वो आते।

दिनभर मैं बाते सोचती,
जब बताने की बारी आती,

मंद मंद वो मुस्काने लगते,
सबकुछ मैं भूल ही जाती,
देर रात जब वो आते।

सुबह सबेरे जब आंखे खुलती,
हंसी ठिठोली बाते होती,
फरमाइसों के लिस्ट बनाते,
अपने अपने काम पे जाते।
देर रात जब वो आते।

जानकी की डायरी

प्रगट हुई धरती से मां,
भूमिजा, वसुंधरा कहलाती है ।
पुण्य है पावन गांव पुनौरा
पावन धाम कहलाती है ।

प्रगट हुई घनघोर घटा,
बदरी बनकर छाई है ।
शिक्षिकाओं के कलम से मां,
जानकी की डायरी कहलाई है ।
विश्व प्रसिद्ध हो जानकी की डायरी
जैसे जानकी विश्व में छाई है ।

कलम कहां अब रुकेगी
जानकी नहीं अब झुकेगी ।

सारा जग है प्रेरणा प्रभाव
बीता दिया कांटों में जीवन
सब ढूंढती राजभवन
उलझने और कशमकश
उम्मीद की ढाल लिए बैठी हूं
न जाने क्यों हमे लगता है
यह जानकी की डायरी
विश्व प्रसिद्ध हो जायेगी !

व्यक्तिगत परिचय

अमृता झा

शिक्षा	– एम.ए समाजशास्त्र, डी.पी.ई
कार्य	– सहायक शिक्षिका आ 0 मध्य विद्यालय डुमरी कला, मेजरगंज सीतामढ़ी।
लेखन विद्या	– कविता कहानी
सामाजिक कार्य	– असाक्षर महिलाओं को साक्षर करना एवं उन्हें जागरूक कर समाज के मुख्यधारा से जोड़ना।
पता	– रघुनाथपुरी सीतामढ़ी(बिहार)
ईमेल	– amritajha830@gmail.com

शिक्षा का महत्व

बड़ा महत्व है
जीवन में शिक्षा का,
गुरु के दीक्षा का
उन्नति के लिए परीक्षा का
बड़ा महत्व है।
मां के लिए बेटी का
किसान के लिए खेती का
गरीब के लिए रोटी का
बड़ा महत्व है!
सिपाही के वर्दी का,
मौसम में सर्दी का
मिठाई में बर्फी का
बड़ा महत्व है।
योग में ध्यान का,
गणित में मान का
शिक्षक में ज्ञान का
बड़ा महत्व है!
पर्व में होली का,
फुल में बेली का,
पूजा में रोली का
बड़ा महत्व है।
देश की उन्नति का
राज्य की प्रगति का
जनता की जागृति का
बड़ा महत्व।
सीमा की सुरक्षा का

नारी की रक्षा का
बेटी की शिक्षा का
बड़ा महत्व है!

मैं हूँ कौन

अपने अंदर के गुणों को जानो
मैं हूँ कौन?
इसको पहचानो!
ज्ञान चरित्र के सुंदर गहनों से,
तुम अपना सिंगार करो,
कृत्रिम रूप के संसाधनों का
तुम सदा बहिष्कार करो!
मैं हूँ कौन?
इसको पहचानो!
स्टीरियोटाइप को तोड़कर तुम
जीवन में आगे बढ़ा करो!
तुम भी किसी से कम तो नहीं,
आसमान में उड़ा करो
खो खो कबड्डी खेलो खेल
निर्भय होकर डरो नहीं!
बॉडी टॉक की बातें करके
किसी का अपमान करो नहीं!
मैं हूँ कौन?
इसको पहचानो!
आदर्श स्वरूप के चक्कर में
अपना रूप ना भूलो तुम!
कल्पना सुनीता विलियम्स बनकर
अंतरिक्ष में उड़ान भरो!
मैं हूँ कौन?
इसको पहचानो!

व्यक्तिगत परिचय

चुन्नी कुमारी

माता का नाम	– श्रीमती सोना देवी
पिता का नाम	– श्री रविंदर मिश्र
जन्मतिथि	– 04–05–1987
जन्म स्थान	– दामोदर पट्टी सिमरी
शिक्षा	– इंटर स्नातकोत्तर डी एल डी प्रशिक्षित
कार्य	– शिक्षिका, प्राथमिक विद्यालय अजरकबे दामोदर पट्टी प्रखंड चोरौत
रुचि	– पठन–पाठन, संगीत सुनना और गाना
संपर्क सूत्र	– chunnichoraut@gmail.com
पता	– ग्राम +पोस्ट, जदुपटटी बाजार जिला सीतामढ़ी थाना चोरोत पिन कोड नंबर 843319

शिक्षा

शिक्षा बहुत जरूरी है
शिक्षा के बिना अधूरी है।
पहला शिक्षा मां देती है
दूसरा शिक्षा गुरु देती है
शिक्षा बहुत जरूरी है।
हम अपनी शिक्षा की रोशनी फैलाएंगे रोशनी लाएंगे।
हम अपने बच्चे को पढ़ाएंगे
रोशनी दिखाएंगे रोशनी दिखाऐंगे
हम अपने बच्चे को शिक्षित बनाएंगे बनाएंगे।
समाज को दिखाएंगे।
शिक्षा बहुत जरूरी है
शिक्षा के बिना अधुरी है।
हम अपने परिवार को शिक्षित बनाएंगे शिक्षित बनाएंगे।
समाज को दिखाएंगे
हम रोशनी फैल आएंगे। समाज को शिक्षित बनाएंगे।
हम बदलेंगे हमारे बच्चे बदलेंगे बदलेंगे।
हम बदलेंगे हमारा समाज
बदलेंगे जरूर बदलेंगे।
हम बदलेंगे बदलेंगे
साथी बदलेगी साथी बदलेगी शिक्षा बहुत जरूरी है।

ये जिंदगी

छोटी सी है, जिंदगी आ जाओ
किसी के काम कभी।
जो लौट के ना आएगा
उन लम्हों को ना याद करो।
जो आगे आने वाला है
चिंतन उसका तुम आज करो।

छोटी सी है जिंदगी आ जाओ
किसी के काम कभी,
जो लोग घर के बैठे हैं,
उम्मीद छोड़ कर बैठे हैं।
अपने तरंग की धारा से
उनके अंदर उल्लास जगा।

छोटी सी है जिंदगी
आ जाओ, किसी के काम कभी,
अपना ना सही औरों का बुरा भला,
खुशियों का कारण बन जाओ बन जाओ।

व्यक्तिगत परिचय

ज्योति कुमारी

जन्म	– 15 मार्च, 1974 निर्मली
शिक्षा	– स्नातकोत्तर –हिंदी ग्रामीण विकास
प्रशिक्षण	– डीएलएड डाइट, शिवहर
कार्य	– शिक्षक, मध्य विद्यालय भुतही, सोनबरसा
लेखन विद्या	– गद्य, पद्य, संस्मरण
सामाजिक कार्य	– ग्रामीण क्षेत्र की महिलाओं की साक्षरता, लड़कियों को स्वावलंबी बनने का प्रशिक्षण।
दायित्व	– बच्चो को शिक्षित करना।
पता	– मोहनपुर, सीतामढ़ी।

मस्ती के दिन

वो दिन भी कुछ और थे,
जब हम मस्तियां किया करते थे।

वह वक्त हमें याद आता है,
जब पापा के डर से
पढ़ा करते थे।
वह वक्त
हमे याद आता है।

वो दिन भी कुछ और थे,
जब हम मस्तियां करते थे।
कभी लुका छिपी तो
कभी नाव पानी,
कभी दोस्तो की टोली
कभी गलियों की होली।

वो दिन भी कुछ और थे,
जब हम मस्तियां किया करते थे।

लिखना मुझे सिखा दिया

घर बैठे – बैठे ही मैडम ने
हम सब को कवयित्री बना दिया।

लिखने की हुनर न थी
लिखना मुझे सिखा दिया।

अपने मन की सब कुछ तुम
कागज पर उतार डालो।
घर बैठे बैठे ही मैडम ने
हम सब को कवयित्री बना दिया।

पूनम की रौशनी में
हमको लिखना सिखा दिया।
घर बैठे बैठे ही मैडम ने
लिखना हमको सिखा दिया....

जौहरी बन आपने,
हम सबको हीरा बना दिया
घर बैठे बैठे ही मैडम ने
हमें कवयित्री बना दिया।

www.ingramcontent.com/pod-product-compliance
Lightning Source LLC
LaVergne TN
LVHW031427170726
843492LV00009B/2884